Petit monde vivant

LES OURS POLAIRES

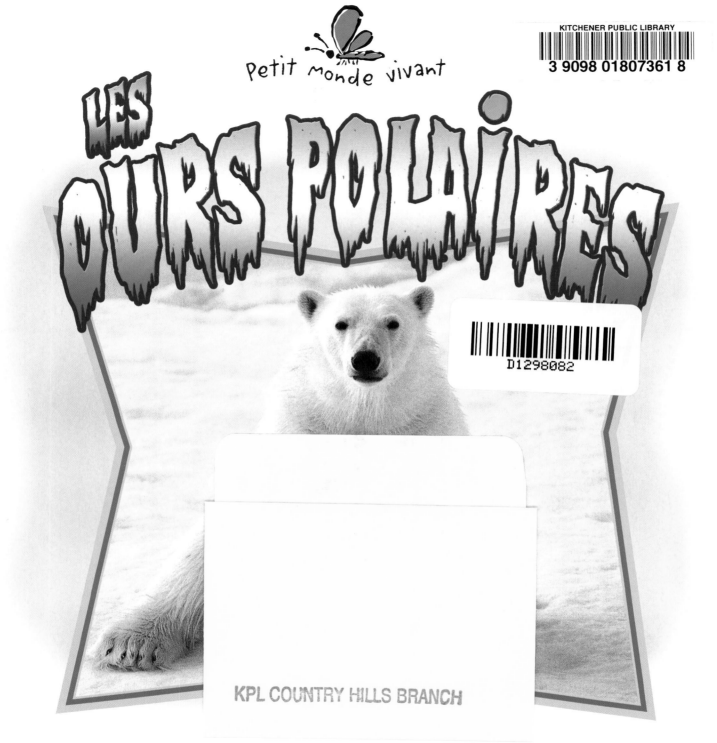

Rebecca Sjonger & Bobbie Kalman

Traduction : Marie-Josée Brière

Les ours polaires est la traduction de *The Life Cycle of a Polar Bear* de Rebecca Sjonger et Bobbie Kalman (ISBN 0-7787-0698-2)
© 2006, Crabtree Publishing Company, 612 Welland Ave., St.Catherines, Ontario, Canada L2M 5V6

Catalogage avant publication de Bibliothèque et Archives nationales du Québec et Bibliothèque et Archives Canada

Sjonger, Rebecca

Les ours polaires

(Petit monde vivant)
Traduction de : The life cycle of a polar bear.
Pour enfants de 6 à 10 ans.

ISBN 978-2-89579-163-8

1. Ours blanc - Cycles biologiques - Ouvrages pour la jeunesse. 2. Ours blanc - Ouvrages pour la jeunesse. I. Kalman, Bobbie, 1947-   .
II. Titre. III. Collection : Kalman, Bobbie, 1947-   . Petit monde vivant.

QL737.C27S5614 2007   j599.786   C2007-941043-X

Recherche de photos : Crystal Foxton

Illustrations : Barbara Bedell : page 5 (ours brun) ; Barb Hinterhoeller : page 20 ; Bonna Rouse : quatrième de couverture,
pages 10, 11 (sauf en haut) et 16 ; Margaret Amy Salter : pages 5 (ours des cocotiers et ours noir) et 11 (en haut)

Photos : Bryan et Cherry Alexander/Photo Researchers, Inc. : page 12 ; © Tom Walker/Visuals Unlimited : page 24
Autres images : Corbis, Corel, Creatas, Digital Vision et Photodisc

Nous reconnaissons l'aide financière du gouvernement du Canada par l'entremise du Programme
d'aide au développement de l'industrie de l'édition (PADIÉ) pour nos activités d'édition.

Conseil des Arts   Canada Council
du Canada   for the Arts

Bayard Canada Livres Inc. remercie le Conseil des Arts du Canada
du soutien accordé à son programme d'édition dans le cadre du
Programme des subventions globales aux éditeurs.

Cet ouvrage a été publié avec le soutien de la SODEC.
Gouvernement du Québec – Programme de crédit d'impôt
pour l'édition de livres – Gestion SODEC.

Dépôt légal – 3ᵉ trimestre 2007
Bibliothèque nationale du Québec
Bibliothèque nationale du Canada

Direction : Andrée-Anne Gratton
Graphisme : Mardigrafe
Révision : Johanne Champagne

© Bayard Canada Livres inc., 2007
4475, rue Frontenac
Montréal (Québec)
Canada H2H 2S2
Téléphone : (514) 844-2111 ou 1 866 844-2111
Télécopieur : (514) 278-3030
Courriel : edition@bayard-inc.com

Imprimé au Canada

Sur le site Internet :

Fiches d'activités pédagogiques
en lien avec tous les albums
des collections Petit monde vivant
et Le Raton Laveur

Catalogue complet

www.petitmondevivant.ca

Table des matières

Des mammifères

Les ours polaires, qu'on appelle aussi « ours blancs », sont des mammifères. Ce sont des animaux à sang chaud. Leur corps reste toujours à la même température, qu'il fasse chaud ou qu'il fasse froid.

Les mammifères ont des poumons qui leur permettent de respirer de l'air. Ils ont aussi une colonne vertébrale. Leur corps est couvert de poils ou de fourrure. Et les mères allaitent leurs petits : elles les nourrissent de leur lait.

Des animaux marins

Les ours polaires sont des mammifères marins. Ils vivent surtout dans l'océan. Les scientifiques appellent d'ailleurs cette espèce « *Ursus maritimus* », ce qui veut dire « ours de mer ». Contrairement à d'autres mammifères marins, cependant, ils sont aussi à l'aise sur la terre ferme que dans l'eau. Ils sont souvent considérés comme étant à la fois des animaux terrestres et des animaux marins.

Les ours polaires nagent et plongent très bien. Ils peuvent retenir leur souffle pendant plus d'une minute sous l'eau.

La famille des ours

Les ours polaires font partie de la famille des ursidés. Il existe huit espèces d'ours, dont l'ours brun, l'ours des cocotiers et l'ours noir, qui vit en Amérique du Nord. Les ours polaires sont les plus gros de tous. En fait, ce sont les plus grands carnivores terrestres !

Les ours bruns sont proches parents des ours polaires.

Les ours noirs sont les ours les plus nombreux de la planète.

Les ours des cocotiers sont les plus petits ours.

Où vivent les ours polaires ?

Les ours polaires vivent dans l'Arctique. C'est leur habitat, c'est-à-dire l'endroit où on les retrouve à l'état sauvage. Ils sont concentrés dans la région du pôle Nord, qui englobe l'océan Arctique et le **littoral** nord de l'Amérique du Nord, de l'Europe et de l'Asie. La plupart des ours polaires vivent sur la glace, le long du littoral, et près des nombreuses îles de l'océan Arctique.

Un milieu froid

Le **climat** de l'Arctique est froid, sec et venteux. Certains endroits sont couverts de neige et de glace toute l'année. L'hiver, la température peut baisser sous les 30 °C. Et, même au milieu de l'été, il fait rarement plus de 10 °C !

Une solide couche de glace

La majorité des ours polaires vivent et chassent sur la banquise, constituée d'immenses plaques de glace épaisse. La banquise se forme dans l'océan Arctique quand des glaces flottantes se réunissent et se consolident. Elle fait habituellement trois mètres d'épaisseur environ. Elle est assez solide pour supporter le poids des ours polaires et de nombreux autres animaux arctiques !

La fonte estivale

Beaucoup d'ours polaires vivent dans les régions les plus au sud de l'Arctique. Dans ces régions, la banquise fond en été. Comme elle fond très lentement, les ours y restent le plus longtemps possible. Là où la banquise disparaît complètement, ils passent l'été sur la terre ferme. C'est le cas de celui qu'on voit ci-dessus.

Le corps des ours polaires

Les ours polaires peuvent rester au chaud même sur les terres gelées et dans les eaux glacées de l'Arctique. C'est parce que leur corps est spécialement conçu pour survivre dans cet habitat. Il peut conserver une grande quantité de chaleur. En fait, les ours polaires risquent même d'avoir trop chaud s'ils se déplacent vite !

Les ours polaires ont un excellent odorat, ce qui les aide à trouver de la nourriture sous la neige.

Les ours polaires se servent de leurs dents tranchantes pour déchirer leurs aliments.

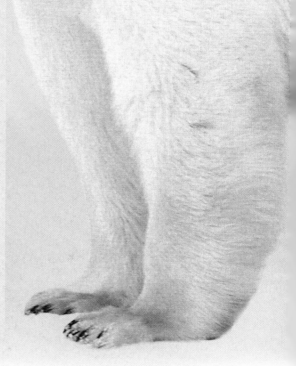

Pattes et griffes

Les ours polaires ont de grosses pattes. Celles d'en avant sont partiellement palmées, ce qui veut dire que leurs orteils sont reliés par une mince couche de peau. Ils utilisent ces pattes palmées comme de puissantes pagaies qui leur permettent d'avancer dans l'eau. Quand ils marchent sur la banquise, leurs solides griffes pointues les aident à s'accrocher à la surface glissante.

Pour conserver la chaleur

Le corps des ours polaires retient la chaleur de différentes façons. Il est couvert de fourrure blanche, composée de plusieurs épaisseurs. L'épaisseur du dessus se compose de longs poils de couverture appelés « jarres ». Ces poils empêchent l'eau froide d'atteindre la peau. Vient ensuite une épaisseur qu'on appelle la « bourre » et qui garde la chaleur près du corps. De plus, les ours polaires ont la peau noire, une couleur qui absorbe la chaleur du soleil. Ils ont aussi sous la peau une épaisse couche de graisse qui les aide à conserver leur chaleur.

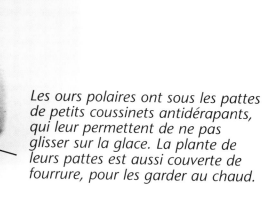

Les ours polaires ont sous les pattes de petits coussinets antidérapants, qui leur permettent de ne pas glisser sur la glace. La plante de leurs pattes est aussi couverte de fourrure, pour les garder au chaud.

Qu'est-ce qu'un cycle de vie ?

Tous les animaux passent par une série de changements qu'on appelle un « cycle de vie ». Après leur naissance ou leur éclosion, ils grandissent, se transforment et deviennent adultes. Ils peuvent alors s'accoupler, c'est-à-dire s'unir à d'autres animaux de leur espèce pour faire des bébés.

L'espérance de vie

L'espérance de vie est la durée moyenne de la vie d'un animal. À l'état sauvage, les ours polaires mâles peuvent vivre environ 25 ans, et les femelles, à peu près 30 ans. Ceux qui vivent dans des zoos dépassent parfois les 40 ans. Mais leur existence ne peut pas se comparer à celle des ours sauvages.

Le cycle de vie de l'ours polaire

Le cycle de vie de l'ours polaire commence par la naissance d'un ourson. Les oursons viennent généralement au monde en petits groupes appelés « portées ». La plupart des portées comprennent seulement deux oursons. La mère ourse polaire nourrit et protège ses petits. Quand ils ont environ trois mois, elle commence à leur apprendre à nager et à chasser. À deux ou trois ans, les jeunes sont prêts à quitter leur mère et à vivre seuls. Ils ne sont toutefois pas encore adultes. Les femelles le deviendront vers l'âge de cinq ans, et les mâles, autour de six ans.

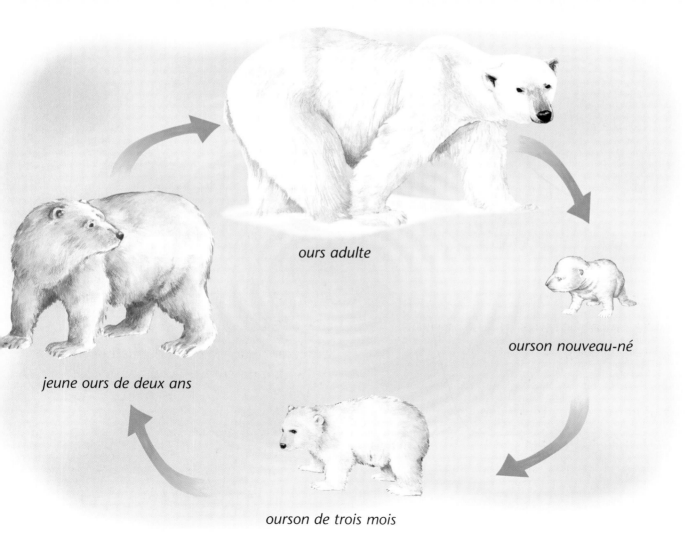

ours adulte

ourson nouveau-né

jeune ours de deux ans

ourson de trois mois

Les nouveau-nés

Chaque ourson nouveau-né pèse à peine un demi-kilo ! Il est aveugle et sourd, parce que ses yeux et ses oreilles ne sont pas encore ouverts. On ne distingue pas de fourrure sur son corps minuscule, mais en réalité, sa peau est couverte de fins poils courts.

Dépendants de maman

Les oursons blancs sont complètement démunis à la naissance. Leur mère doit donc les protéger et les allaiter. Pendant les premières semaines de leur vie, ils passent leur temps à dormir et à boire, bien collés sur leur mère pour se réchauffer. On voit ici deux oursons en train de se nourrir.

Place à l'exploration

Après quatre semaines environ, les oreilles des oursons s'ouvrent. Ils peuvent alors entendre. À peu près une semaine plus tard, leurs yeux s'ouvrent, et ils voient. Vers l'âge de deux mois, les petits se mettent à explorer leur **tanière.** Ils commencent aussi à jouer ensemble et à se chamailler.

Bonjour, le monde !

Quand ils ont à peu près trois mois, les oursons ont pris près de 10 kg, et leur corps est couvert d'une épaisse fourrure. Ils sont maintenant prêts à quitter la tanière. Ils suivent leur mère dehors, dans l'air glacial. Le temps est venu pour eux d'apprivoiser la vie dans l'Arctique.

Ces oursons sont prêts à explorer le monde qui les attend hors de leur tanière.

Vers l'âge adulte

Quand les oursons quittent la tanière, ils restent près de leur mère. Celle-ci leur enseigne à survivre dans l'Arctique. Pendant quelques années, les oursons vont acquérir des habiletés importantes. Ils vont apprendre par exemple à nager et à chasser. Leur mère pratique ces activités plus souvent que nécessaire pour leur permettre de s'exercer.

Aux aguets

La mère fait tout ce qu'elle peut pour protéger ses oursons des dangers qui les guettent. Des ours polaires mâles pourraient s'attaquer à eux et les dévorer s'ils réussissaient à s'en approcher. La mère peut se battre contre des mâles beaucoup plus gros qu'elle pour défendre ses petits.

La mère ourse est toujours en alerte.
Elle surveille ici ses petits en train de jouer.

Combats simulés

Les oursons de la même portée jouent beaucoup ensemble. Ils se bousculent, se poursuivent et se chamaillent. Leur mère leur permet ainsi de s'exercer à se battre. Un jour, ils devront être capable de se défendre seuls. Le temps qu'ils passent à faire semblant de se battre avec leurs frères et sœurs est donc une bonne préparation !

Le grand départ

Les jeunes ours polaires sont généralement **sevrés** vers l'âge de deux ans et demi. Même s'ils ne sont pas encore tout à fait adultes, ils ont déjà appris à chasser. C'est à cet âge que la plupart des jeunes quittent leur mère et se débrouillent seuls pour se nourrir. Lorsque la nourriture est rare, cependant, ils peuvent rester avec leur mère jusqu'à deux ans de plus.

Les adultes

Les ours polaires adultes sont des animaux solitaires : ils chassent, se nourrissent et dorment seuls. Quand deux d'entre eux se rencontrent dans la nature, le plus gros reste là où il est et le plus petit s'enfuit. Les mâles et les femelles adultes se retrouvent uniquement pour s'accoupler.

De grands dormeurs

Les adultes passent les deux tiers de leur vie à dormir. Ils doivent se reposer pour économiser leurs forces ! En effet, ils dépensent beaucoup d'énergie pour marcher, nager, chasser et manger leurs proies.

Des animaux de bonne taille

Quand ils ont atteint leur taille définitive, vers l'âge de 14 ans, les ours polaires mâles sont deux fois plus gros que les femelles. Ils mesurent plus de 2,4 mètres de longueur, du bout du nez à la pointe de la queue. Et ils pèsent entre 300 et 800 kilos ! Les femelles, elles, atteignent leur taille définitive vers cinq ou six ans. Elles mesurent un peu moins de 2 mètres de long et pèsent de 150 à 350 kilos.

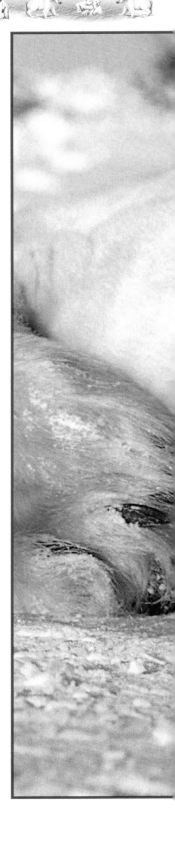

La saison des amours

Les ours polaires s'accouplent uniquement au printemps. C'est ce qu'on appelle la « saison des amours ». Chaque printemps, les femelles prêtes à l'accouplement sont moins nombreuses que les mâles, parce que les mères ourses ne s'accouplent pas pendant qu'elles élèvent leurs petits. Les mâles doivent donc se battre entre eux pour obtenir les faveurs d'une femelle. Quand un mâle et une femelle s'accouplent, ils restent ensemble quelques jours. Ensuite, le mâle s'en va. Il ne reste pas pour aider à prendre soin des petits.

Grossesse à retardement

Après l'accouplement, la femelle est enceinte. À l'intérieur de son corps, un ou plusieurs **embryons** vont se développer, mais pas tout de suite. Leur croissance va débuter seulement à l'automne. La femelle doit s'alimenter beaucoup pour s'assurer que ses embryons deviennent des bébés en santé.

Mais, au printemps et en été, il n'y a pas grand-chose à manger dans l'Arctique. Comme la mère trouve plus facilement de la nourriture à l'automne, les embryons peuvent entreprendre leur croissance à ce moment-là. La gestation, c'est-à-dire le développement des embryons, dure environ deux mois.

La mère ourse polaire peut porter un embryon jusqu'à 250 jours à l'intérieur de son corps avant qu'il commence à se développer.

L'arrivée des petits

Quand la mère ourse polaire est prête à donner naissance à ses oursons, elle aménage une tanière confortable. C'est un endroit sûr et protégé des rigueurs de l'hiver arctique. Les femelles installent le plus souvent leur tanière sur la terre ferme, près des côtes. Elles peuvent aussi faire un trou dans la neige qui recouvre la banquise. Elles commencent d'abord par creuser un tunnel dans la neige durcie ou la **tourbe** gelée. Elles élargissent ensuite l'extrémité de ce tunnel pour former une caverne. Au milieu de l'hiver, les femelles donneront naissance à leurs petits dans cette tanière.

Dans la tanière, les oursons jouent ensemble pendant que leur mère se repose. Ils la réveilleront quand ils auront faim et qu'ils voudront être allaités.

La naissance

À ses premières grossesses, la mère ourse polaire donne généralement naissance à un seul petit. Après quelques accouchements, elle pourra avoir des portées comptant jusqu'à quatre oursons. La plupart des ourses polaires ont deux petits à la fois. Plus tard dans leur vie, elles auront des portées plus petites et finiront par donner naissance, comme au début, à un seul ourson à la fois.

Les oursons ont de meilleures chances de survivre quand il y en a seulement un ou deux dans la portée. La mère ourse peut alors leur donner tous les soins et toute la protection dont ils ont besoin. Cette mère surveille les prédateurs pendant que son petit dort.

À la chasse

Les ours polaires passent l'hiver à chasser sur la banquise. Ce sont des carnivores, qui se nourrissent d'autres animaux comme des morses, des narvals, des bélugas et plusieurs espèces de phoques. Ils mangent également de plus petites proies, par exemple des oiseaux de mer dont ils prennent aussi les œufs. La plupart des ours polaires chassent à l'affût. Ils restent assis sur la banquise pendant des heures, sans faire de bruit, en attendant qu'une proie se montre dans un trou d'air. Les trous d'air sont des ouvertures aménagées dans la glace par les mammifères marins qui doivent remonter à la surface pour respirer.

Les ours blancs sont d'excellents chasseurs. Celui qu'on voit ci-dessus est à l'affût près d'un trou d'air.

Des traqueurs silencieux

Les ours polaires peuvent parcourir de grandes distances, à pied ou à la nage, pour se nourrir. Il leur arrive aussi de traquer leur proie, c'est-à-dire de la suivre silencieusement. Malgré leur taille imposante, ils passent facilement inaperçus des autres animaux parce que leur fourrure blanche se confond avec la glace et la neige. Ils peuvent aussi nager sous l'eau pour s'approcher d'une proie qui se trouve sur la glace. Quand ils sont assez près, ils bondissent hors de l'eau et attaquent par surprise.

À l'attaque !

Dès qu'un ours polaire a trouvé une proie, il passe à l'attaque ! Un seul coup d'une de ses pattes puissantes suffit pour tuer la plupart des animaux. L'ours mange tout de suite la peau et la graisse de sa proie. Ces parties contiennent des **éléments nutritifs** importants dont il a besoin pour rester en santé. Il ne garde pas en réserve ce qu'il ne mange pas. D'autres animaux finiront ses restes.

L'ours polaire peut faire plus de 100 kilomètres à la nage pour trouver à manger !

23

Festins et jeûne

Les ours polaires mangent beaucoup à l'automne, en hiver et au début du printemps. Ils se nourrissent de la graisse contenue dans le corps de leurs proies. Manger beaucoup de gras, c'est bon pour eux ! Cela ajoute à la couche de graisse qui entoure leur corps et qui les aide à conserver leur chaleur.

Pendant l'été, il arrive que les ours polaires restent coincés sur la terre ferme. Ils peuvent alors manger des plantes, comme de l'herbe ou des baies. Ils se nourrissent aussi de charogne. C'est ainsi qu'on appelle la chair des animaux morts.

Un ours polaire peut manger jusqu'à deux kilos de gras chaque jour ! Celui-ci a attrapé un phoque.

24

Jeûne d'été

L'été, quand la banquise se met à fondre, les ours polaires ne réussissent pas toujours à trouver assez de proies. La plupart jeûnent pendant cette saison. Quand ils arrêtent ainsi de manger, leur corps utilise moins d'énergie que s'ils se nourrissaient chaque jour. Ils dépensent parfois tellement peu d'énergie qu'ils peuvent rester à jeun pendant plusieurs mois !

Des animaux importants

Les ours polaires sont des animaux importants pour leur milieu. Ce sont les prédateurs « apicaux » de l'Arctique, ce qui veut dire qu'ils se trouvent au sommet de la **chaîne alimentaire.** Ces prédateurs maintiennent un bon équilibre entre les populations de proies et de prédateurs. Une population, c'est le nombre total d'animaux d'une espèce qui vivent dans une région donnée. En tuant beaucoup de phoques et de baleines, les ours polaires empêchent ces espèces de se multiplier. S'il n'y avait pas d'ours polaires dans l'Arctique, les phoques et les baleines y seraient bientôt beaucoup trop nombreux. Et ils mangeraient la plupart des autres animaux ! Avant longtemps, beaucoup d'espèces arctiques n'auraient plus rien à manger.

Quand les ours polaires ne dorment pas, ils sont généralement en train de manger !

Comme la banquise est très étendue pendant l'hiver, c'est la meilleure saison de chasse pour les ours polaires. Celui-ci vient de finir de manger un phoque.

Menaces et dangers

Pour le moment, les ours polaires ne sont pas en péril. Les scientifiques estiment qu'il y en a environ 25 000 dans l'Arctique. S'ils ne risquent pas de disparaître de la planète, c'est surtout parce qu'ils vivent très loin des humains. Mais ils sont quand même menacés par de graves dangers.

Le réchauffement climatique

Le réchauffement climatique, c'est-à-dire l'augmentation de la température moyenne sur la Terre, présente une menace importante pour les ours polaires. Cette augmentation est causée par la grande quantité de **gaz à effet de serre** qui sont libérés dans l'atmosphère. Ces gaz emprisonnent l'air chaud près de la surface de la Terre, ce qui réchauffe légèrement la planète.

La fonte des glaces

À cause du réchauffement de l'Arctique, la banquise fond plus tôt dans l'année. Les ours polaires peuvent donc y chasser moins longtemps qu'avant et ils doivent se déplacer plus tôt vers la terre ferme, où il n'y a pas assez à manger pour tous. Comme la banquise fond plus tôt d'année en année, de plus en plus d'ours meurent de faim.

Les chasseurs tuent environ 1 000 ours polaires chaque année. Les lois de certains pays permettent de chasser ces animaux uniquement pour se nourrir. Mais, dans les pays où il n'y a pas de lois à ce sujet, beaucoup trop d'ours polaires sont victimes de la chasse.

Pollution toxique

Les entreprises qui utilisent des produits chimiques toxiques nuisent aussi aux ours polaires. Ces produits sont des poisons qui polluent l'eau et l'air à l'endroit où ils sont déversés. Avec le temps, une bonne partie de l'eau et de l'air ainsi pollués se retrouve dans l'Arctique. À cause de la pollution, beaucoup d'animaux arctiques sont malades. Quand les ours polaires mangent ces animaux, ils tombent malades eux aussi.

L'exploitation du pétrole

Les entreprises qui vendent des **ressources naturelles,** comme le pétrole, trouvent notamment ces ressources sous le sol de l'Arctique. Elles creusent des **puits de forage** pour recueillir le pétrole. La présence de ces puits dans l'Arctique y augmente les risques de catastrophes environnementales, par exemple des **déversements de pétrole.** De plus, le bruit de ces installations fait peur aux ours polaires et aux autres animaux arctiques.

Pour aider les ours polaires

Les ours polaires vivent probablement très loin de chez toi, mais tu n'as pas besoin de te rendre dans l'Arctique pour te renseigner à leur sujet ! Tu n'as qu'à organiser ta propre station de recherche à la maison. Emprunte des livres à la bibliothèque et fais de la recherche sur Internet. Tu apprendras une foule de choses, et tu pourras ensuite expliquer à ta famille et à tes amis comment le réchauffement planétaire et la pollution font du tort aux ours polaires. Plus tu leur fourniras d'informations sur ces animaux, plus ils seront prêts à les aider.

De plus près

Il y a quand même des gens qui vivent dans des **communautés** proches de l'habitat des ours polaires. Beaucoup d'entre eux essaient d'aider ces animaux. Souvent, des touristes se rendent dans ces communautés pour y voir des espèces arctiques comme les ours polaires. Les habitants de l'endroit les emmènent en excursion pour leur enseigner toutes sortes de choses sur ces bêtes magnifiques. Les touristes et les communautés locales doivent toutefois prendre grand soin de ne pas détériorer l'habitat des ours polaires.

La ville de Churchill, au Manitoba, est célèbre pour ses excursions au pays des ours polaires. Ces activités rapportent beaucoup d'argent à la communauté. Les touristes qu'on voit ici ont bien de la chance de voir un ours blanc d'aussi près !

Glossaire

chaîne alimentaire Série d'être vivants dans laquelle chaque individu sert de nourriture au suivant

climat Conditions météorologiques normales, sur une longue période, dans une région donnée

communauté Groupe de personnes qui vivent ensemble au même endroit

déversement de pétrole Grande quantité de pétrole qui se répand dans l'eau ou sur le sol

élément nutritif Substance naturelle qui favorise la croissance des animaux et des plantes

embryon Bébé en développement

gaz à effet de serre Gaz, comme le dioxyde de carbone, qui sont présents dans l'air et qui contribuent au réchauffement climatique

littoral Zone située près de la mer ; c'est ce qu'on appelle aussi la « côte »

prédateur Animal qui chasse d'autres animaux pour se nourrir

puits de forage Installation servant à extraire des ressources naturelles du sol

ressources naturelles Matières qui se trouvent dans la nature et qui sont utiles ou nécessaires aux humains

sevrer Arrêter graduellement d'allaiter son petit

tanière Endroit protégé où vivent la mère ourse et ses petits

tourbe Type de sol humide typique de l'Arctique

Index